Fenya es una niña curiosa que siempre

se hace preguntas profundas sobre sus experiencias cotidianas. Desde el sonido de la lluvia hasta el sabor de una sopa, cada vivencia la lleva a reflexionar sobre quién realmente percibe el mundo. Con la ayuda de su abuela, Fenya descubre la diferencia entre el «yo» en su cabeza y el «yo» de su corazón, comprendiendo que el verdadero yo es ilimitado, está siempre en paz y lleno de amor.

 Valores implícitos

La introspección y la conexión con uno mismo son pilares fundamentales de esta historia que fomenta la atención plena y la percepción consciente. Valorar el momento presente y descubrir el verdadero significado del amor auténtico se convierten en lecciones clave. Además, nos muestra que la verdadera felicidad y seguridad se encuentran en el corazón, promoviendo así una profunda paz interior.

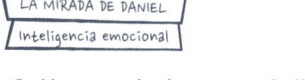

LA MIRADA DE DANIEL
Inteligencia emocional

¿Quién escucha las gotas de lluvia?

© del texto: Grit Güttler
© de las ilustraciones: Laura Moore
© del diseño y corrección: Equipo BABIDI-BÚ

© de esta edición:
Editorial BABIDI-BÚ, 2025
Avda. San Francisco Javier, 9, 6ª, 23
Edificio Sevilla 2
41018 - SEVILLA
Tlfn: 912.665.684
info@babidibulibros.com
www.babidibulibros.com

Impreso en España
Primera edición: junio, 2025

ISBN: 978-84-10412-77-4
Depósito Legal: SE 726-2025

Grit Güttler

Ilustrado por Laura Moore

¿Quién escucha las gotas de lluvia?

Agradecimientos

En primer lugar, me gustaría expresar
mi más profundo agradecimiento a mi
maravillosa ilustradora Laura, por su
dedicación, su generosidad y su radiante
amor. Preciosa Laura, ¡tu talento y arte
han dado vida a este libro!

También quisiera dar las gracias a mi
querido marido Mario, y a Teresa y Janet
por sus valiosas aportaciones y su apoyo
incondicional. ¡Sois parte de este libro!

Dedico este libro a cada niño.

A la pequeña Elizabeth y a mis otros nietos por llegar...

A Olive y Annie.

A Rupert Spira, que me inspiró a través de su forma sencilla, clara y amorosa de transmitir la belleza de la realidad.

Y a Shri Mataji Nirmala Devi, que está haciendo posible el despertar.

¡GRACIAS!

IT'S BLOSSOM TIME!

Es tarde. Ya es de noche y ha estado lloviendo durante horas. Fenya no puede dormir. Escucha el sonido de las gotas de lluvia golpeando contra la ventana. A veces suenan suavemente, como si mil finas agujas se estrellaran contra el cristal. Pero otras, la lluvia azota la ventana con tanta fuerza que Fenya se pregunta si el cristal aguantará.

Mientras escucha los diferentes sonidos de la lluvia, a Fenya le parece que las gotas no se oyen solo fuera de la casa, sino también dentro de ella misma.

Absorta en su experiencia, apenas se da cuenta de que su madre entra en la habitación.

—¿Aún no te has dormido, cariño? ¿La lluvia no te deja dormir?

—Mamá —pregunta Fenya—, ¿quién escucha realmente las gotas de lluvia?

—¡Qué pregunta tan extraña! —responde su madre—. Duerme ahora, cariño, es muy tarde.

A la mañana siguiente, el sol se asoma entre las nubes.

Después del desayuno, Fenya y su padre dan un paseo por el parque. Conversan alegremente mientras pasan junto a altos robles y unos estanques de patos.

Al sentarse en un banco, ven a una hermosa mariposa de colores posada muy quieta sobre una margarita. Los dos la observan en silencio y, después de unos minutos, Fenya pregunta:

—Papá, ¿quién ve realmente a esa mariposa?

—¡Qué preguntas tan raras me haces, cariño! —responde su padre—. Ven, vamos a seguir paseando.

Por la tarde, Fenya está esperando a su amiga Sina. Las chicas han quedado para ir juntas al centro hípico.

No es la primera vez que Sina llega tarde y Fenya está enfadada. Pero, mientras espera a su amiga, se pregunta: «¿Quién está enfadada realmente?»

Finalmente, Sina aparece y las chicas se van.

Al llegar a los establos, Fenya va directamente hacia su yegua favorita, Laila, que relincha amistosamente. La niña apoya la cabeza en el húmedo hocico del animal y respira profundamente su olor fuerte y familiar.

«¿Quién huele realmente a Laila?», se pregunta.

Y mientras Fenya cepilla y acaricia a la yegua, piensa: «¿Quién siente realmente este pelaje tan suave?».

Por la noche, Fenya está cenando con sus padres. Su madre ha hecho sopa de tomate. Tiene un sabor delicioso y, mientras Fenya disfruta lentamente cada cucharada, pregunta a sus padres:

—Mamá, papá, ¿quién saborea realmente la sopa de tomate?

Los padres se miran en silencio, y luego la madre dice:

—Tengo una idea, Fenya. ¿Te gustaría ver a la abuela este fin de semana?

—¡Sí! —exclama la niña emocionada. Quiere mucho a su abuela y le encanta visitarla.

Cuatro días después, el padre lleva a Fenya a la casa de la abuela.

—¡Adiós, papá, nos vemos pronto! —exclama la niña mientras ve salir lentamente el coche de su padre por el portal. La abuela lo despide desde la puerta de su pequeña y acogedora casa de campo. Junto a ella está su perro Shiva, que mueve alegremente la cola. Entre tanto, las tres gallinas Nela, Tela y Sela se apartan asustadas del camino, cacareando ruidosamente.

—He hecho tarta de manzana, tesoro —dice la abuela—. ¡Vamos a tomarla fuera en el balancín!

Entra en la casa y va a la cocina a buscar la tarta.

Mientras tanto, Fenya se dirige al gran y frondoso jardín de la abuela. Los manzanos están en flor y el césped está completamente cubierto con las florecitas blancas.

—¡Oh, qué hermoso! —exclama Fenya, con los ojos muy abiertos por el asombro. Va saltando entre los árboles con Shiva, muy contento, siguiéndola.

Luego, Fenya se recuesta en el suelo, debajo de los manzanos, y mira hacia el enorme mar de flores blancas que se extiende sobre ella. Un mirlo se posa en una rama y canta, y el aire cálido de la tarde lleva el dulce aroma de las flores. La luz del sol se filtra a través de ellas y Fenya observa esta fascinante danza de luces y sombras. Y cuando sus manos tocan el suave manto de flores de manzano bajo ella, tiene la sensación de que no está separada, sino que los árboles en flor, el canto del pájaro, la alfombra de flores, el aire perfumado y el juego de la luz del sol son parte de ella. ¿O es ella parte de ellos?

Fenya se pregunta: «¿Quién se siente realmente uno con todas las cosas?».

—¡Tesoro, ven a la mesa! —llama la abuela, colocando los platos—. ¡Vamos a comer la tarta de manzana y me cuentas qué tal te va!

Fenya se levanta y va hacia el balancín junto a su abuela.

Después de la cena, la abuela y Fenya están sentadas en silencio frente a la chimenea, observando cómo bailan las parpadeantes llamas del fuego.

Y al cabo de un rato, Fenya pregunta:

—Abuelita, ¿quién ve realmente las llamas?

La abuela mira pensativa a su nieta y le dice:

—¡Dímelo tú, tesoro! ¿Quién observa el fuego?

Fenya se queda muy quieta y la abuela continúa:

—¿Quién percibe realmente las llamas que se mueven constantemente, creando diferentes formas? ¿Quién escucha el chasquido y siente el agradable calor que irradia el fuego?

—Yo —responde Fenya tras hacer una pausa, y la abuela asiente.

Luego la niña continúa lentamente:

—Aunque, ¿sabes qué, abuelita? A veces miro cosas, pero realmente no las veo. Otras veces, oigo cosas, pero en realidad no estoy escuchando. Y otras, huelo o siento algo, pero no me doy cuenta porque estoy pensando en otras cosas.

—Pero a veces, abuelita, no pienso en nada y hay silencio dentro de mí. Y en esos momentos, cuando escucho la lluvia, o miro una mariposa, o pruebo la deliciosa sopa de tomate de mamá, o huelo y acaricio a mi yegua Laila, o me tumbo bajo tus manzanos en flor, lo vivo de manera muy diferente, muy especial, y me siento feliz. Abuelita, dime, si siempre soy yo quien experimenta todo, ¿por qué a veces me parece tan aburrido y a veces tan hermoso?

—Porque a veces crees que eres el yo en tu cabeza, Fenya. Sin embargo, otras veces tocas el yo de tu corazón —responde la abuela.

—¿El yo en mi cabeza? ¿El yo de mi corazón? No entiendo, abuelita —dice la niña.

Y la abuela continúa:

—El yo en tu cabeza es feliz hoy, pero infeliz mañana. El yo en tu cabeza está tranquilo hoy, pero molesto mañana. El yo en tu cabeza se siente pequeño e insignificante hoy, y mañana piensa que es mejor que los demás. El yo en tu cabeza se siente a veces bien y a veces mal, a veces querido y a veces no querido, a veces aburrido y a veces emocionado, a veces es miedoso y a veces valiente. El yo en tu cabeza siempre está cambiando, tesoro, pero el yo de tu corazón es siempre el mismo.

Fenya escucha atentamente, y su abuela continúa:

—El yo en tu cabeza necesita continuamente cosas o determinadas situaciones para ser feliz. Las necesita para estar contento y sentirse completo. Pero el yo de tu corazón no necesita nada. Ya está completo y siempre es feliz.

—Y todas tus experiencias y vivencias, Fenya, los momentos de la lluvia y de la mariposa, los momentos con tu amiga Sina, tu yegua Laila o los manzanos en flor, y todos tus pensamientos y sentimientos vienen y van. A veces son agradables y bonitos; a veces, desagradables y molestos, pero en algún momento se acaban. Sin embargo, el yo de tu corazón siempre está ahí, y nunca cambia.

Fenya mira a su abuela con ojos muy abiertos y curiosos.

—Abuelita, cuéntame más sobre el yo de mi corazón.

—Averígualo tú, tesoro, ahora mismo —responde la abuela—. ¡Siéntelo! Y dime, ¿cómo es el yo de tu corazón?

Fenya quiere descubrirlo y se queda en silencio para encontrar la respuesta.

Y después de un tiempo dice:

—Es como un gran lago, abuelita, que está completamente tranquilo y en calma, con la superficie lisa como un espejo.

—Sí, es paz —responde la abuela.

—Es como un enorme campo de trigo, abuelita. Estoy en medio de él, miro a mi alrededor y no veo el final.

—Sí, no tiene límites, es infinito —responde la abuela.

—Es como cuando tú, abuelita, o mamá o papá me dais un largo abrazo y me siento tan protegida como si nunca me pudiera pasar nada malo.

—Sí, es el lugar más seguro del mundo —responde la abuela.

—Es como una gran sonrisa, abuelita,
como si todo el universo sonriera y
yo también.

—Sí, es alegría y felicidad —responde
la abuela.

—Y, abuelita, es como si solo existiera este momento nada más, ni ayer ni mañana, solo ahora, como si este momento nunca terminara.

—Sí, todo sucede siempre en el AHORA. Y el AHORA nunca termina, es eterno —responde la abuela.

Fenya se queda durante unos minutos en el profundo silencio del yo de su corazón.

Luego dice lentamente:

—Cuando toco el yo de mi corazón, abuelita, me siento como en casa.

—Sí, porque eso es lo que realmente eres, Fenya —responde la abuela mientras mira amorosamente a su nieta—. Tú eres el yo de tu corazón.

Fenya apoya la cabeza en el hombro de su abuela y pregunta en voz baja:

—¿Son todas las personas, en realidad, el yo de su corazón, abuelita?

—Sí, todas —responde la abuela—, pero la mayoría lo han olvidado, por eso creen que son el yo en su cabeza. Sin embargo, cada vez más personas empiezan a recordar quiénes son realmente. Yo lo llamo «The Blossom Time», la época en la que todo florece. No solo los manzanos y la naturaleza empiezan a despertar, sino también la gente.

Las llamas de la chimenea casi se han extinguido. Fuera se ha hecho de noche y ha comenzado a llover. Grandes gotas de lluvia golpean los cristales de las ventanas. Fenya escucha su sonido, y tras una pausa, cae en la cuenta:

—Abuelita, ¡es el yo de mi corazón el que escucha el sonido de la lluvia!

La abuela sonríe.

—Y, abuelita, ¡el yo de mi corazón se siente tan grande que todo parece caber en él!

La abuela asiente mientras pasa tiernamente su mano por la espalda de su nieta. Fenya nota una sensación de hormigueo recorriendo su columna.

—Y además, abuelita... —continúa la niña en un susurro—: Siento que el yo de mi corazón, el tuyo y el de todos los demás es el mismo YO..., como si todos fuéramos UNO.

—Sí, mi tesoro —dice la abuela sonriendo—. Eso que tú sientes, se llama AMOR.

Fuera, la lluvia sigue cayendo con fuerza, y Fenya, poco a poco, se queda dormida en el regazo de su abuela.